LAURENT MARIOTTE

Je cuisine AVEC 3 ingrédients

ET POUR 3 fois rien !

SOLAR

Édito

Vous le savez, j'aime la cuisine simple, abordable et joyeuse !

Alors, pour que tout le monde s'y retrouve, je me suis amusé à imaginer des recettes avec 3 ingrédients seulement !

Je mets de côté les huiles de cuisson et autres épices que nous avons déjà à la maison.

Pourquoi 3 ingrédients ? Pour aider ceux qui ne cuisinent pas à cause des listes de courses à rallonge et pour permettre à ceux qui aiment cuisiner de le faire sans se prendre la tête.

Cuisiner avec peu permet à la fois de faire simple et économique. Plus d'excuses !

Les recettes de ce livre sont celles que j'aime faire à la maison. Des associations de saveurs étonnantes, des produits accessibles et faciles à trouver, des cuissons simples et astucieuses, des présentations amusantes et bluffantes... Voilà le menu !

Taboulé de chou-fleur, soupe de maïs au canard, concombre frappé, poulet farci facile, calamars aux merguez, frites de patate douce, boulettes de bœuf au comté, galette des noix, carpaccio d'orange à la pistache...

Et tout ça pour 3 fois rien... Alors, pourquoi se priver ?

Sommaire

GROS SEL
SEL
POIVRE
FLEUR DE SEL
QUATRE ÉPICES
HUILE DE PÉPINS DE RAISIN
HUILE D'OLIVE
BEURRE
MUSCADE

VINAIGRE
DE CIDRE
PIMENT
D'ESPELETTE
SUCRE
ROUX
CANNELLE
BOUQUET GARNI

HUILE DE
TOURNESOL
CUMIN
HERBES
DE PROVENCE
SUCRE
EN POUDRE
CURRY
CURCUMA
BOUILLON
DE LÉGUMES

Mes éco-astuces

Le saviez-vous ?

La bouilloire électrique consomme moins d'énergie que la casserole pour faire chauffer votre eau !

Brisez la glace

Pensez à dégivrer votre congélateur régulièrement, il consommera moins d'électricité !

Faites descendre la température

Attendez que vos plats refroidissent pour les déposer au réfrigérateur… Vous éviterez à votre appareil de consommer plus pour refroidir vos plats.

Sortez les couvercles

Couvrez vos casseroles et poêles dès que possible pour bien conserver toute la chaleur.

Anticipez !

Pensez à laisser décongeler vos produits à l'avance, à température ambiante, plutôt que d'utiliser le micro-ondes.

Passez à la coloc de four

Vous allumez le four ? Profitez-en pour cuire deux ou trois plats. Et n'hésitez pas à l'éteindre quelques minutes avant la fin de la cuisson : si vous n'ouvrez pas la porte, vos plats vont continuer de cuire.

Économisez vos gestes

Finie la corvée de vaisselle : privilégiez le lave-vaisselle, il est moins gourmand en eau que vous.

Mes apéros et entrées

AVEC 3 INGRÉDIENTS

Velouté de champignon

CE N'EST PAS EN SUPERPOSANT LES INGRÉDIENTS ET LES SAVEURS QUE LE GOÛT EST AU RENDEZ-VOUS. AVEC 3 FOIS RIEN, VOICI UNE RECETTE QUI VA DEVENIR UN DE VOS CLASSIQUES !

500 G DE **CHAMPIGNONS DE PARIS**

300 G D'**OIGNONS ROUGES**

33 CL DE **CRÈME FLEURETTE** ENTIÈRE

DANS MON FRIGO
- 1 NOIX DE BEURRE

DANS MON PLACARD
- SEL, POIVRE

POUR 4 PERSONNES
PRÉPARATION : 15 MIN
CUISSON : 15 À 17 MIN

1 Lavez et émincez grossièrement les champignons de Paris. Épluchez et émincez les oignons rouges.

2 Dans une grande casserole, faites revenir les oignons avec la noix de beurre, à feu doux.

3 Ajoutez les champignons. Couvrez et laissez cuire à feu doux pour que les champignons rendent leur eau, environ 10 minutes.

4 Versez alors la crème fleurette, salez et poivrez. Couvrez de nouveau et laissez cuire 5 à 7 minutes.

5 Mixez jusqu'à ce que le mélange devienne bien onctueux, sans aucun morceau.

Quand c'est fête,
râpez dessus le reste
d'un morceau
de foie gras avant
de servir.

Gravlax de truite

VOICI DE QUOI METTRE LES PETITS PLATS DANS LES GRANDS POUR LES FÊTES AVEC UN POISSON ABORDABLE ET DE MIEUX EN MIEUX ÉLEVÉ !

1 CUIL. À CAFÉ DE **POIVRE DE MADAGASCAR**

1 BELLE POIGNÉE DE **VERVEINE** SÉCHÉE

600 G DE FILET DE **TRUITE** EN UNE PIÈCE, SANS ARÊTE, AVEC PEAU

DANS MON PLACARD
- 70 G DE GROS SEL
- 60 G DE SUCRE EN POUDRE

POUR 4 PERSONNES
PRÉPARATION : 10 MIN
MARINADE : 24 À 48 H

1 Au mortier, pilez le poivre, la verveine séchée, le gros sel et le sucre.

2 Placez la truite dans un plat creux. Recouvrez du mélange d'épices, couvrez de film alimentaire et mettez au réfrigérateur pour 24 à 48 heures.

3 Rincez la truite sous un filet d'eau froide, puis épongez-la délicatement avec un torchon avant de la couper en fines lamelles.

4 Dégustez-la avec des toasts, en salade, en tartine…

Asperges rôties

L'ASPERGE ME BOTTE ! POUR CHANGER DE LA CUISSON À L'EAU, JE LA FAIS RÔTIR À LA POÊLE. C'EST 3 FOIS RIEN, VOUS ALLEZ VOIR !

16 **ASPERGES BLANCHES**

100 G DE **PARMESAN** EN BLOC

150 G D'UN BON **JAMBON CRU** EN CHIFFONNADE (BAYONNE, SERRANO)

DANS MON FRIGO
- 25 G DE BEURRE

DANS MON PLACARD
- HUILE D'OLIVE
- SEL, POIVRE

POUR 4 PERSONNES
PRÉPARATION : 15 MIN
CUISSON : 6 À 8 MIN

1 Épluchez les asperges de haut en bas. Coupez la base et conservez-la pour un velouté.

2 Faites chauffer le beurre et un filet d'huile d'olive dans une poêle. Ajoutez les asperges et faites-les rôtir sur feu moyen-doux 6 à 8 minutes en les retournant régulièrement. Elles doivent rester fermes. Salez et poivrez en fin de cuisson.

3 Disposez-les dans un plat et râpez à l'Économe des copeaux de parmesan juste au-dessus. Répartissez le jambon cru en chiffonnade sur les asperges et servez aussitôt.

Soupe de maïs au canard

AVEC DEUX CONSERVES ET UNE PINCÉE D'ÉPICES, ON TIENT LÀ UNE ENTRÉE COPIEUSE, CHIC ET AU BON GOÛT DU SUD-OUEST ! C'EST DANS LA BOÎTE !

400 G DE **MAÏS** EN BOÎTE (POIDS NET ÉGOUTTÉ)

1 BOÎTE DE 6 À 8 **MANCHONS DE CANARD** CONFITS

QUELQUES FEUILLES DE **CORIANDRE** FRAÎCHE

DANS MON PLACARD
- 1 CUIL. À SOUPE DE CUMIN EN POUDRE
- SEL, POIVRE

POUR 4 PERSONNES
PRÉPARATION : 15 MIN
CUISSON : 10 MIN

1 Faites chauffer 50 cl d'eau dans une bouilloire et versez dans une casserole. Ajoutez le maïs égoutté, le cumin, salez et poivrez. Portez à ébullition 10 minutes.

2 Mixez à l'aide d'un mixeur plongeant jusqu'à ce que la soupe soit le plus lisse possible. Réservez au chaud.

3 Réchauffez les manchons de canard au four ou à la poêle. Laissez-les tiédir pour pouvoir les manipuler.

4 Servez la soupe de maïs dans quatre assiettes creuses et effilochez le canard sur la soupe. Parsemez de coriandre fraîche et servez immédiatement !

Salade de fèves à la feta rôtie

JE FAIS CETTE SALADE TOUS LES ÉTÉS POUR VOYAGER POUR 3 FOIS RIEN ! POUR ALLER ENCORE PLUS VITE, VOUS POUVEZ ÉMIETTER LA FETA CRUE PAR-DESSUS.

500 G DE **FÈVES** FRAÎCHES ÉCOSSÉES (1,3 KG AVEC COSSES)

1 **CITRON JAUNE** NON TRAITÉ

2 BLOCS DE **FETA** AOP

DANS MON PLACARD

- HUILE D'OLIVE
- 2 CUIL. À CAFÉ DE THYM SÉCHÉ OU D'HERBES DE PROVENCE
- PIMENT D'ESPELETTE

POUR 4 PERSONNES
PRÉPARATION : 20 MIN
CUISSON : 13 MIN

1 Plongez les fèves dans une casserole d'eau bouillante salée pendant 3 minutes. Égouttez-les, puis versez dans un saladier d'eau glacée pour stopper la cuisson. Ôtez leur peau et déposez-les dans un plat.

2 Zestez le citron au-dessus des fèves et pressez le jus. Versez un trait d'huile d'olive.

3 Allumez le gril du four. Placez les morceaux de feta dans un plat allant au four. Badigeonnez-les d'huile d'olive, saupoudrez de piment d'Espelette et de thym. Disposez sous le gril 10 minutes.

4 Lorsque le dessus est caramélisé, sortez-les du four et disposez-les entiers sur la salade de fèves. Dégustez aussitôt.

Avocado toast au maquereau

LE SUCCÈS DE L'AVOCADO TOAST A FAIT LE TOUR DE LA PLANÈTE DEPUIS SON INVENTION PAR UN CHEF AUSTRALIEN. VOICI MA VERSION MARINE.

4 TRANCHES DE **PAIN**

2 **AVOCATS** MÛRS À POINT

200 G DE **MAQUEREAU** FUMÉ

DANS MON PLACARD

- PIMENT D'ESPELETTE
- SEL, POIVRE

POUR 4 PERSONNES
PRÉPARATION : 15 MIN

1 Faites griller les tranches de pain dans un grille-pain.

2 Tranchez les avocats en deux, ôtez le noyau et réduisez la chair en purée à la fourchette avec 1 pincée de piment d'Espelette. Salez et poivrez.

3 Découpez les filets de maquereau fumé en lamelles de 5 mm d'épaisseur.

4 Tartinez la purée d'avocat sur le pain et disposez harmonieusement les lamelles de poisson. Saupoudrez de nouveau de piment d'Espelette. Dégustez aussitôt !

Gaspacho de melon au pastis

J'ADORE CET ACCORD. PRÉSENTE ET RAFRAÎCHISSANTE, LA NOTE ANISÉE DU PASTIS ÉPOUSE LE MELON POUR LE MEILLEUR DU GOÛT !

1 **MELON** BIEN MÛR

8 CL DE **PASTIS**

2 TIGES DE **BASILIC**

DANS MON CONGÉLO
• QUELQUES GLAÇONS

POUR 4 PERSONNES
PRÉPARATION : 15 MIN

1 Coupez le melon en deux, prélevez la chair en prenant soin de jeter les pépins.

2 Dans le bol d'un blender, mixez finement le melon. Versez le pastis et 1 tige de basilic effeuillée. Ajoutez quelques glaçons, 1 verre d'eau fraîche et mixez de nouveau.

3 Servez dans des verres ou des assiettes creuses, décorez de feuilles de basilic et dégustez aussitôt !

Pancakes de poireau

J'ADORE JOUER AVEC LA NOURRITURE. SURTOUT QUAND IL S'AGIT DE FAIRE BON AVEC 3 FOIS RIEN !

300 G DE **POIREAUX**

2 **ŒUFS**

100 G DE **FARINE**

DANS MON FRIGO
- 100 G DE BEURRE DEMI-SEL

DANS MON PLACARD
- QUATRE-ÉPICES
- SEL, POIVRE

POUR 4 PERSONNES
PRÉPARATION : 20 MIN
CUISSON : 25 MIN ENVIRON

1 Lavez et émincez les poireaux. Faites-les revenir pendant 10 minutes à couvert avec 20 g de beurre. Laissez tiédir, salez, poivrez et ajoutez le quatre-épices, 1 œuf entier ainsi que le jaune du second œuf. Incorporez la farine.

2 Battez le blanc en neige ferme, puis mélangez-le délicatement à la préparation aux poireaux.

3 Dans une poêle, faites fondre le beurre et versez 1 louche de pâte. Répétez l'opération. Faites dorer les pancakes sur feu moyen 2 minutes par face. Égouttez-les sur du papier absorbant et dégustez aussitôt avec des crudités.

Entre 1 pincée et 1 cuillerée à café, c'est vous qui dosez les épices. Si vous n'avez pas de quatre-épices, vous pouvez mettre du curry !

Œufs cocottes en pain de mie

JE VOUS INVITE À MANGER LE CONTENANT ET LE CONTENU !

4 TRANCHES DE
PAIN DE MIE

4 CUIL. À CAFÉ DE
CRÈME FRAÎCHE ÉPAISSE

4 **ŒUFS**
EXTRA-FRAIS

DANS MON PLACARD

- HUILE DE PÉPINS DE RAISIN
- SEL, POIVRE

POUR 4 PERSONNES
PRÉPARATION : 10 MIN
CUISSON : 10 MIN

1 Préchauffez le four à 200 °C (th. 6/7).

2 Aplatissez les tranches de pain de mie entre deux feuilles de papier cuisson à l'aide d'un rouleau à pâtisserie.

3 Huilez quatre ramequins et tapissez-les de papier cuisson. Déposez les tranches de pain de mie. Enfournez pour 5 minutes.

4 Disposez 1 cuillerée à café de crème sur le pain de mie grillé, salez et poivrez.

5 Cassez 1 œuf dans chaque ramequin.

6 Recouvrez d'un morceau de papier cuisson pour que les œufs ne sèchent pas et enfournez de nouveau pour 5 minutes.

7 Démoulez délicatement les œufs en cocotte de pain de mie et dégustez aussitôt, avec une belle salade !

Soupe de carotte à la marocaine

LES CAROTTES, ÇA REND AIMABLE ! ET QUAND ELLES SONT RELEVÉES D'AIL ET DE JUS D'ORANGE, JE NE VOUS DIS PAS LE SUCCÈS QUE VOUS ALLEZ AVOIR…

600 G DE **CAROTTES** 1 GOUSSE D'**AIL** 2 **ORANGES**

DANS MON PLACARD

- 1 CUIL. À SOUPE DE CURCUMA EN POUDRE
- HUILE D'OLIVE
- SEL

POUR 4 PERSONNES
PRÉPARATION : 15 MIN
CUISSON : 35 MIN

1 Épluchez les carottes et taillez-les en rondelles. Pelez la gousse d'ail et émincez-la grossièrement.

2 Dans une grande casserole, faites chauffer un filet d'huile et faites-y revenir pendant 1 minute l'ail avec le curcuma. Ajoutez les carottes et faites-les colorer 5 minutes à feu moyen. Versez de l'eau à hauteur, salez et couvrez. Laissez cuire 30 minutes.

3 Lorsque les carottes sont cuites, pressez le jus des oranges et mixez les carottes dans leur eau de cuisson tout en versant le jus des oranges.

4 Servez et dégustez aussitôt.

En été, je la prépare avec des carottes nouvelles et je la sers froide. Évidemment, je garde les fanes pour en faire un pesto !

Carpaccio de poire, bleu et café

FROMAGE, DESSERT ET CAFÉ… VOICI UN 3 EN 1 POUR 3 FOIS RIEN !

4 **POIRES** BIEN MÛRES

4 GRAINS DE **CAFÉ ARABICA**

100 G DE **BLEU DE BRESSE**

DANS MON PLACARD
- HUILE D'OLIVE
- SEL

POUR 4 PERSONNES
PRÉPARATION : 15 MIN

1 Rincez les poires. Émincez-les dans la hauteur sur 3 mm d'épaisseur sans les peler. Disposez les tranches dans un plat et salez-les.

2 Dans un mortier, pilez les grains de café pour les réduire presque en poudre et versez 4 cuillerées à soupe d'huile d'olive.

3 Parsemez le fromage émietté sur les poires et assaisonnez avec l'huile au café. Dégustez aussitôt.

Velouté glacé petits pois wasabi

VOUS AVEZ PEUT-ÊTRE DÉJÀ GOÛTÉ LES PETITS POIS SECS AU WASABI À L'APÉRITIF. C'EST LE MARIAGE DE LA DOUCEUR ET DE LA PUISSANCE. LES VOICI DANS UNE SOUPE D'ÉTÉ ! BANZAÏ !

800 G DE **PETITS POIS** SURGELÉS

1 CUIL. À SOUPE DE PÂTE DE **WASABI**

QUELQUES POUSSES DE **GRAINES GERMÉES**

DANS MON PLACARD

- 1 CUBE DE BOUILLON DE LÉGUMES
- SEL, POIVRE

POUR 4 PERSONNES
PRÉPARATION : 5 MIN
CUISSON : 15 MIN
RÉFRIGÉRATION : 2 H

1 Faites cuire les petits pois dans 1 litre d'eau bouillante avec le cube de bouillon, pendant 15 minutes.

2 Ajoutez la pâte de wasabi et mixez. Salez et poivrez, puis goûtez pour rectifier l'assaisonnement. Mixez de nouveau pour obtenir la texture la plus lisse possible. Au besoin, passez la préparation au travers d'un petit tamis.

3 Laissez refroidir, puis placez au réfrigérateur pour 2 heures au moins.

4 Au moment de servir, versez dans des assiettes creuses, poivrez et décorez de pousses de graines germées.

À tester avec des petits pois frais au printemps (comptez alors 1,5 kg de petits pois avec les cosses) !

Taboulé de chou-fleur

POUR DONNER L'ILLUSION DE LA GRAINE DE COUSCOUS, RÂPONS LE CHOU-FLEUR. AVEC 3 FOIS RIEN... UN BEAU TROMPE-L'ŒIL VÉGÉTAL !

100 G DE **NOISETTES**

½ **CHOU-FLEUR**

1 **CITRON VERT** NON TRAITÉ

DANS MON PLACARD
- HUILE D'OLIVE
- SEL, POIVRE

POUR 4 PERSONNES
PRÉPARATION : 20 MIN
CUISSON : 10 MIN

1 Dans un four préchauffé à 180 °C (th. 6), enfournez les noisettes pour 10 minutes.

2 Placez-les dans un torchon, refermez et frottez-le sur le plan de travail, de sorte à enlever la peau des noisettes. Concassez-les grossièrement et réservez-les.

3 Rincez, puis râpez le chou-fleur avec une râpe à petits trous ou au robot avec la lame, au-dessus d'un saladier. Prélevez le zeste du citron vert, pressez le jus sur le chou-fleur, versez 3 cuillerées à soupe d'huile, salez et poivrez.

4 Ajoutez les noisettes et mélangez bien. Servez !

Essayez cette recette avec de l'huile de noisette pour les grands jours.

Salade de concombre frappé

FRAPPER LE CONCOMBRE PERMET DE DÉTENDRE SES FIBRES ET DE L'IMBIBER PARFAITEMENT DE LA SAUCE. POURQUOI S'EN PRIVER !

2 GOUSSES D'**AIL**

4 CUIL. À SOUPE DE **SAUCE SOJA** SUCRÉE

2 **CONCOMBRES** ÉPINEUX BIO

DANS MON PLACARD
• 4 CUIL. À SOUPE D'HUILE DE TOURNESOL
• SEL

POUR 4 PERSONNES
PRÉPARATION : 20 MIN
REPOS : 1 H

1 Pelez les gousses d'ail et hachez-les. Dans un saladier, mélangez-les à la sauce soja et à l'huile.

2 Lavez les concombres et enfermez-les dans un torchon bien hermétique (ou dans un sac congélation). Munissez-vous d'un rouleau à pâtisserie et frappez-les sur toute leur surface : la peau va s'éclater et la chair, se ramollir.

3 Détachez alors les morceaux de concombre à la cuillère et plongez-les dans la sauce. Mélangez et dégustez après avoir laissé reposé 1 heure à température ambiante.

Pour jouer avec les saveurs, je change souvent d'huile. Sésame, cameline, pépins de raisin… amusez-vous !

Mes plats

AVEC 3 INGRÉDIENTS

Pâtes au citron

SI VOUS VOULEZ TOUT SAVOIR, C'EST LA RECETTE QUE JE DÉGAINE CHEZ MOI QUAND LE FRIGO EST VIDE !

400 G DE **TAGLIATELLES** OU DE **LINGUINE**

2 **CITRONS JAUNES** NON TRAITÉS

2 GOUSSES D'**AIL**

DANS MON PLACARD

- 4 CUIL. À SOUPE D'HUILE D'OLIVE
- SEL, POIVRE

POUR 4 PERSONNES
PRÉPARATION : 10 MIN
CUISSON : 13 MIN

1 Faites cuire les pâtes *al dente* dans 3 à 4 litres d'eau salée en ébullition, selon les indications du paquet.

2 Dans le saladier de service, râpez le zeste des citrons. Pelez et râpez l'ail finement. Mélangez avec l'huile d'olive et ajoutez le jus des citrons. Prélevez 3 cuillerées à soupe d'eau de cuisson des pâtes, ajoutez-les et mélangez.

3 Égouttez les pâtes et mélangez-les à la sauce. Vous pouvez repasser le tout dans la casserole des pâtes pour bien les enrober, mais ce n'est pas obligé.

4 Servez dans des assiettes creuses et *BUON APPETITO* !

Boulettes de bœuf au comté

J'AIME BIEN ENCANAILLER LES BOULETTES POUR LES RENDRE ENCORE PLUS GOURMANDES. DÉMONSTRATION !

100 G DE **COMTÉ**

500 G DE **VIANDE DE BŒUF HACHÉE**

2 CUIL. À SOUPE DE **KETCHUP** MAISON (VOIR RECETTE BONUS P. 152)

DANS MON PLACARD
- 1 CUIL. À CAFÉ DE CUMIN MOULU
- HUILE DE TOURNESOL
- SEL, POIVRE

POUR 4 PERSONNES
PRÉPARATION : 20 MIN
CUISSON : 15 MIN

1 Râpez le comté. Dans un saladier, mélangez-le à la viande hachée, au cumin et au ketchup. Salez et poivrez.

2 À l'aide de vos mains légèrement humides, façonnez des boulettes de forme allongée et enfoncez-les sur les piques à brochettes. Comptez 2 brochettes par personne.

3 Faites-les colorer sur toutes les faces dans une poêle bien chaude avec un filet d'huile de tournesol.

4 Servez les brochettes keftas accompagnées de crudités.

Carottes rôties au sirop d'érable

1 BOTTE DE **CAROTTES FANES**

10 CL DE **SIROP D'ÉRABLE**

1 TÊTE D'**AIL**

DANS MON PLACARD
- 5 CL D'HUILE D'OLIVE
- 1 CUIL. À CAFÉ DE CUMIN EN POUDRE
- SEL

POUR 4 PERSONNES
PRÉPARATION : 15 MIN
CUISSON : 40 À 45 MIN

1 Préchauffez le four à 200 °C (th. 6/7).

2 Coupez les fanes des carottes en laissant 1 cm. Brossez les carottes et rincez-les. Taillez-les en deux dans la longueur et étalez-les dans un plat allant au four.

3 Versez l'huile d'olive et le sirop d'érable, salez et mélangez-les bien les carottes pour les enduire de ce mélange.

4 Coupez la tête d'ail en deux dans son épaisseur et disposez-les deux moitiés de part et d'autre du plat.

5 Enfin, saupoudrez de cumin et enfournez pour 20 minutes.

6 Retournez les carottes, puis enfournez de nouveau pour 20 à 25 minutes.

Parfait pour accompagner une viande, un poisson, de la feta ou un houmous de pois chiches...

Frittata de courgette

LA CUISINE ITALIENNE EST UNE CUISINE SIMPLE, POPULAIRE ET RUSTIQUE QUI N'AIME PAS GÂCHER. LA PREUVE AVEC CETTE GALETTE QUI A DE BEAUX RESTES.

250 G DE **RESTES DE PÂTES** CUITES (SPAGHETTI, PAR EXEMPLE)

4 **ŒUFS**

1 **COURGETTE** BIO

DANS MON PLACARD
- HUILE D'OLIVE
- SEL, POIVRE

POUR 4 PERSONNES
PRÉPARATION : 20 MIN
CUISSON : 5 MIN

1 Faites revenir les pâtes avec un filet d'huile d'olive dans une poêle antiadhésive à feu doux.

2 Cassez les œufs dans un saladier, salez, poivrez et battez à la fourchette. Ajoutez les pâtes et mélangez.

3 Lavez la courgette, puis taillez-la à l'Économe en tagliatelles et faites-les revenir 3 minutes dans la même poêle bien chaude. Versez dans le saladier et mélangez.

4 Versez l'ensemble de la préparation dans la poêle chaude bien huilée et faites cuire 6 minutes à feu moyen en rabattant les bords à l'aide d'une spatule.

5 Retournez la frittata sur une assiette, puis glissez-la à nouveau dans la poêle pour encore 6 minutes de cuisson.

6 Accompagnez d'une salade de roquette et de quelques tomates cerises.

Poulet tapenade

J'ADORE CUISINER LE POULET ET LE COQUELET DE CETTE FAÇON. LA CUISSON EST UNIFORME ET LA CHAIR RESTE FONDANTE. ÇA MARCHE AUSSI AU BARBECUE !

1 **POULET** FERMIER DE 1,6 KG OUVERT EN CRAPAUDINE

200 G DE **TAPENADE D'OLIVES VERTES** (VOIR RECETTE BONUS P. 153)

50 G DE GROSSE **CHAPELURE**

DANS MON PLACARD
- HUILE D'OLIVE
- SEL, POIVRE

POUR 6 PERSONNES
PRÉPARATION : 10 MIN
CUISSON : 1 H

1 Préchauffez le four à 190 °C (th. 6/7) en chaleur tournante.

2 Badigeonnez le poulet d'huile d'olive au pinceau, salez-le sur toutes les faces. Déposez-le sur la plaque du four huilée côté peau. Enfournez pour 25 minutes.

3 Retournez le poulet côté chair et enfournez à nouveau pour 25 minutes.

4 Tartinez la peau du poulet de tapenade et saupoudrez de chapelure. Allumez le gril du four en plus de la chaleur tournante et poursuivez la cuisson 10 minutes.

5 Découpez le poulet sur une planche et servez aussitôt !

Tatin d'échalotes

L'ÉCHALOTE EST UN AROMATE TYPIQUEMENT FRANÇAIS. ATTENTION AUX FAUSSES HYBRIDES, PRÉFÉREZ LA VRAIE CULTIVÉE EN BRETAGNE ET ASYMÉTRIQUE SOUS LA PEAU. DU GOÛT AVEC 3 FOIS RIEN !

1 KG D'**ÉCHALOTES**

1 **PÂTE FEUILLETÉE**
PUR BEURRE

20 G DE **MIEL DE FLEURS** OU **D'ACACIA**

DANS MON FRIGO
- 50 G DE BEURRE

DANS MON PLACARD
- 20 G DE SUCRE ROUX
- SEL, POIVRE

POUR 4 PERSONNES
PRÉPARATION : 10 MIN
CUISSON : 50 MIN

1 Épluchez les échalotes en les gardant entières.

2 Dans une sauteuse, faites fondre le beurre avec le miel et le sucre sur un feu moyen.

3 Déposez-y les échalotes, sans les superposer. Couvrez avec un papier cuisson en faisant une petite cheminée. Laissez cuire 30 minutes environ : elles doivent confire en dorant très légèrement.

4 Préchauffez le four à 180 °C (th. 6).

5 Dès que les échalotes sont tendres, disposez-les au fond d'un moule à tarte en les serrant bien. Salez et poivrez-les.

6 Déposez la pâte feuilletée dessus et insérez les bords à l'intérieur. Enfournez pour 20 minutes.

7 Dès la sortie du four, retournez sur un plat de service légèrement plus large que le moule à tarte. Servez aussitôt.

Brocolis sautés à la sauce soja

2 **BROCOLIS**

1 **ÉCHALOTE**

2 CUIL. À SOUPE DE **SAUCE SOJA**

DANS MON PLACARD

• HUILE DE PÉPINS DE RAISIN

• POIVRE

POUR 4 PERSONNES
PRÉPARATION : 15 MIN
CUISSON : 6 À 7 MIN

1 Lavez et détaillez les brocolis en bouquets. Pelez et émincez l'échalote.

2 Dans une sauteuse, faites chauffer un filet d'huile de pépins de raisin et faites-y revenir les échalotes jusqu'à ce qu'elles deviennent translucides.

3 Ajoutez les brocolis et 4 cuillerées à soupe d'eau. Couvrez et laissez cuire 2 à 3 minutes à feu moyen. Lorsqu'ils sont tendres, arrosez-les de sauce soja. Couvrez de nouveau et laissez cuire 3 minutes.

4 Ôtez le couvercle et poursuivez la cuisson encore 1 minute. Poivrez et servez aussitôt !

Agneau grillé à la crème d'ail

L'ÉPIGRAMME D'AGNEAU CORRESPOND À LA POITRINE DE L'ANIMAL ; ON PEUT LE TROUVER ENTIER OU DÉSOSSÉ. PEU ÉPAIS, IL EST PARFAIT POUR LES GRILLADES.

2 GOUSSES D'**AIL**

LE JUS DE ½ **CITRON JAUNE**

600 G D'**ÉPIGRAMME D'AGNEAU** PARÉ PAR LE BOUCHER

DANS MON PLACARD

- 20 CL D'HUILE D'OLIVE + UN PEU POUR BADIGEONNER LA VIANDE
- 1 CUIL. À SOUPE D'HERBES DE PROVENCE
- FLEUR DE SEL

POUR 4 PERSONNES
PRÉPARATION : 15 MIN
CUISSON : 6 MIN
REPOS : 5 MIN

1 Pelez et dégermez les gousses d'ail. Mixez-les finement, puis versez l'huile d'olive en filet, sans cesser de mixer. Ajoutez le jus de citron, 1 pincée de fleur de sel et donnez un dernier tour de mixeur. Réservez.

2 Badigeonnez la viande d'huile d'olive et saupoudrez d'herbes de Provence.

3 Faites chauffer une plancha ou une poêle. Saisissez la viande 3 minutes de chaque côté. Débarrassez et laissez reposer 5 minutes.

4 Coupez l'épigramme en tranches, répartissez dans les assiettes et ajoutez la crème d'ail.

OPINEL

Quinoa comme un couscous

360 G DE **QUINOA BLANC**

50 G DE **RAISINS SECS**

230 G DE **POIS CHICHES** CUITS ET ÉGOUTTÉS

DANS MON PLACARD
- 2 CUIL. À SOUPE DE QUATRE-ÉPICES
- HUILE D'OLIVE
- SEL

POUR 4 PERSONNES
PRÉPARATION : 10 MIN
CUISSON : 18 À 20 MIN

1 Rincez le quinoa et placez-le dans une grande casserole. Couvrez-le de deux fois son volume d'eau. Portez à ébullition, couvrez et baissez le feu. Comptez 15 minutes de cuisson.

2 Égouttez le quinoa et replacez-le dans la casserole. Salez et ajoutez les raisins secs, les pois chiches et les épices.

3 Versez 4 cuillerées à soupe d'huile d'olive et mélangez bien. Faites chauffer 3 à 4 minutes sur feu très doux. C'est prêt !

Croque pruneaux-lard

VOICI UN AMUSE-GUEULE DE FÊTE POUR 3 FOIS RIEN !

15 **PRUNEAUX** DÉNOYAUTÉS

8 TRANCHES DE **PAIN** DE MIE

12 FINES TRANCHES DE **LARD** FUMÉ

DANS MON FRIGO
• 50 G DE BEURRE DEMI-SEL

DANS MON PLACARD
• POIVRE

POUR 4 PERSONNES
PRÉPARATION : 10 MIN
CUISSON : 15 À 20 MIN

1 Préchauffez le four à 200 °C (th. 6/7).

2 Mixez les pruneaux pour obtenir une crème.

3 Tartinez 4 tranches de pain avec la crème de pruneaux. Disposez par-dessus 3 tranches de lard, poivrez et refermez avec 1 tranche de pain de mie.

4 Faites fondre le beurre. À l'aide d'un pinceau, beurrez les faces extérieures des croque-monsieur, puis déposez-les sur une plaque de four recouverte de papier cuisson. Par-dessus, déposez une autre feuille de papier cuisson et une autre plaque de four. Terminez par un couvercle de cocotte en fonte sur la plaque pour presser les croques et enfournez pour 15 à 20 minutes. Dégustez !

Papillons de sardine au chèvre

DES SARDINES BIEN FRAÎCHES, UN FROMAGE GOÛTEUX ET DE LA MENTHE POUR LE PEPS. RIEN DE TEL POUR SE SENTIR EN ÉTÉ !

12 BELLES **SARDINES** VIDÉES

1 BOTTE DE **MENTHE**

1 **FROMAGE DE CHÈVRE** TRÈS FRAIS

DANS MON PLACARD :
HUILE D'OLIVE
SEL, POIVRE

POUR 4 PERSONNES
PRÉPARATION : 15 MIN
CUISSON : 10 MIN

1 Préchauffer le four à 180 °C (th. 6).

2 Ôtez la tête des sardines et leur arête centrale en laissant les 2 filets attachés.

3 Rincez-les bien et séchez-les avec du papier absorbant.

4 Ciselez la menthe, mélangez-la au fromage, versez un trait d'huile d'olive, salez et poivrez.

5 Étalez un peu de cette farce dans chaque sardine et refermez en appuyant légèrement.

6 Déposez-les sur une plaque allant au four, arrosez-les d'un filet d'huile d'olive et enfournez pour 10 minutes.

Aubergines laquées au miso

L'AUBERGINE FAIT PARTIE DES LÉGUMES PRÉFÉRÉS DE LA CUISINE ASIATIQUE. VOICI MA VERSION VOYAGEUSE POUR 3 FOIS RIEN !

2 GROSSES **AUBERGINES**

4 CUIL. À SOUPE DE **PÂTE DE MISO** BLANC

1 **OIGNON** FRAIS (CIVE)

DANS MON PLACARD

• 1 CUIL. À SOUPE D'HUILE DE TOURNESOL

POUR 4 PERSONNES
PRÉPARATION : 10 MIN
CUISSON : 35 MIN

1 Préchauffez le four à 200 °C (th. 6/7).

2 Lavez puis coupez les aubergines en deux dans la longueur. Quadrillez leur chair à l'aide d'un petit couteau, sans les transpercer.

3 Mélangez la pâte de miso avec l'huile. Nappez les aubergines de cette pâte et disposez-les sur la plaque du four recouverte d'une feuille de papier cuisson. Enfournez pour 25 minutes, puis retournez-les et enfournez de nouveau pour 10 minutes.

4 À la sortie du four, émincez finement la cive et répartissez-la sur les aubergines, côté chair. Servez aussitôt, avec un riz blanc japonais.

•
Le miso est une pâte fermentée à base de soja et de riz. Il a un petit goût de reviens-y !
•

Haricots verts au lard

CETTE RECETTE M'ACCOMPAGNE DEPUIS L'ENFANCE. J'AI TOUJOURS VU MA MÈRE ET MA GRAND-MÈRE CUISINER LES HARICOTS VERTS DE CETTE FAÇON EN ÉTÉ.

500 G DE **HARICOTS VERTS**

300 G DE **LARD** FUMÉ

2 **TOMATES**

DANS MON PLACARD
- HUILE D'OLIVE
- SEL, POIVRE

POUR 4 PERSONNES
PRÉPARATION : 15 MIN
CUISSON : 20 MIN

1 Équeutez les haricots verts d'un seul côté (celui de l'attache) et rincez-les.

2 Taillez le lard en lardons et faites-les revenir dans une poêle bien chaude avec un filet d'huile d'olive. Lorsque les lardons commencent à fondre, ajoutez les haricots verts et les tomates coupées en quartiers.

3 Faites cuire sur feu moyen 15 minutes à couvert, surveillez et ajoutez un peu d'eau au besoin. Poursuivez la cuisson à couvert jusqu'à ce que les haricots verts soient fondants. Goûtez, poivrez et salez au goût.

Bœuf mijoté à la sauce carbonade

JE ME SUIS INSPIRÉ DE LA CÉLÈBRE CARBONADE DU NORD POUR VOUS PROPOSER UNE VERSION SIMPLIFIÉE… TOUT AUSSI RÉCONFORTANTE !

1 KG DE **BŒUF À BOURGUIGNON**

70 CL DE **BIÈRE BRUNE**

8 TRANCHES DE **PAIN D'ÉPICE**

DANS MON PLACARD
- HUILE DE TOURNESOL
- SEL, POIVRE

POUR 4 PERSONNES
PRÉPARATION : 20 MIN
CUISSON : 3 H À 3 H 30

1 Coupez la viande en gros cubes.

2 Faites chauffer un filet d'huile dans une cocotte à fond épais. Saisissez les morceaux de viande afin de les colorer sur toutes leurs faces. Versez la bière à hauteur et couvrez. Laissez mijoter sur feu très doux pendant 2 heures.

3 Ajoutez les tranches de pain d'épice, 1 verre d'eau, salez, poivrez et poursuivez la cuisson 1 heure à 1 h 30. Vérifiez en cours de cuisson : si la sauce devient trop épaisse, ajoutez davantage d'eau et remuez.

4 Servez ce mijoté avec des pommes de terre vapeur ou accompagné de mes frites de patate douce (voir p. 100) !

Avec un peu plus

•

J'ai fait l'impasse sur la moutarde, mais si cette liberté vous monte au nez, ajoutez-en 2 cuillerées à soupe avec le pain d'épice.

•

Choux de Bruxelles à l'italienne

AVEC 3 FOIS RIEN, VOICI DE QUOI APPRÉCIER LE CHOU DE BRUXELLES À SA JUSTE VALEUR !

1 KG DE **CHOUX DE BRUXELLES**

1 **CITRON JAUNE** BIO

100 G DE **PARMESAN** EN BLOC

DANS MON PLACARD

- HUILE D'OLIVE
- SEL, POIVRE

POUR 4 PERSONNES
PRÉPARATION : 15 MIN
CUISSON : 8 MIN

1 Lavez les choux de Bruxelles et coupez-les en deux ou en quatre, selon leur grosseur.

2 Plongez-les dans une grande casserole d'eau bouillante salée pendant 2 minutes. Puis plongez-les immédiatement dans un grand saladier d'eau glacée. Égouttez et séchez-les bien dans un torchon.

3 Faites-les revenir dans une poêle avec un filet d'huile d'olive pendant 5 minutes, pour les colorer. Stoppez la cuisson.

4 Râpez finement le zeste du citron dessus, pressez le jus, salez et poivrez. Prélevez des copeaux de parmesan à l'aide d'un Économe et mélangez-les aux choux de Bruxelles. Dégustez aussitôt !

Ailes de poulet suce-doigts

J'AI SOUVENT FAIT CETTE RECETTE POUR MON FILS QUAND IL ÉTAIT ADO. ET JE CONTINUE AUJOURD'HUI !

12 **AILES DE POULET** ENTIÈRES

4 CM DE **GINGEMBRE** FRAIS

50 G DE **MIEL**

DANS MON PLACARD

- 1 CUIL. À SOUPE D'HUILE DE TOURNESOL
- 2 CUIL. À SOUPE DE VINAIGRE DE CIDRE
- 2 CUIL. À SOUPE DE SUCRE ROUX
- SEL, POIVRE

POUR 4 PERSONNES
PRÉPARATION : 15 MIN
CUISSON : 40 MIN

1 Préchauffez le four à 220 °C (th. 7/8).

2 Dans un saladier, mélangez les ailes de poulet avec l'huile, 2 pincées de sel et de poivre. Déposez-les sur une plaque recouverte de papier cuisson et enfournez pour 20 minutes (elles doivent être dorées).

3 Sortez la plaque du four, retournez les ailes et enfournez de nouveau pour 20 minutes.

4 Pendant ce temps, épluchez le gingembre et râpez-le. Dans une casserole, versez le miel, le vinaigre de cidre, le gingembre et le sucre.

5 Portez à ébullition et laissez réduire jusqu'à ce que la sauce ait une consistance sirupeuse.

6 Lorsque les ailes de poulet sont cuites, trempez-les une à une dans la sauce, puis disposez sur un plat de service. Dégustez aussitôt !

Calamars sautés aux merguez

**VOICI UN ACCORD TERRE ET MER COMME JE LES AIME.
HÂTE DE CONNAÎTRE VOTRE AVIS !**

4 **POIVRONS ROUGES**

600 G DE **CALAMARS**

4 **MERGUEZ**

DANS MON PLACARD
- 1 BOUQUET GARNI
- HUILE D'OLIVE
- SEL, POIVRE

POUR 4 PERSONNES
PRÉPARATION : 15 MIN
CUISSON : 20 MIN

1 Rincez, épépinez et découpez les poivrons en petits cubes. Dans une casserole, versez 2 cl d'huile d'olive et ajoutez les poivrons et le bouquet garni. Faites compoter pendant 20 minutes. Salez et poivrez. Réservez au chaud.

2 Nettoyez les calamars et taillez-les en tagliatelles. Dépiautez les merguez et écrasez-les à la fourchette. Faites dorer la chair de merguez 3 minutes dans une poêle chaude avec un filet d'huile d'olive. Ajoutez le calamar, faites-le sauter pendant 3 à 4 minutes, sur feu vif.

3 Répartissez la compotée de poivrons dans quatre assiettes creuses et dressez le calamar et les morceaux de merguez au centre. Dégustez aussitôt !

Macaroni crémeux au brocoli

J'AI IMAGINÉ CE GRATIN POUR FAIRE MANGER DES BROCOLIS AUX ENFANTS... ET JE VOUS PROMETS QUE ÇA MARCHE ! JE CONNAIS MÊME DES ADULTES QUI S'Y SONT MIS !

500 G DE **MACARONI**

1 **BROCOLI**

200 G DE **GORGONZOLA**

DANS MON FRIGO
• 50 G DE BEURRE

DANS MON PLACARD
• SEL, POIVRE

POUR 4 À 5 PERSONNES
PRÉPARATION : 20 MIN
CUISSON : 20 MIN

1 Portez une grande casserole d'eau à ébullition. Salez à raison de 10 g de sel par litre. Faites cuire les pâtes *al dente* selon les indications du paquet.

2 Lavez le brocoli, puis coupez chaque fleurette de brocoli en 2 ou 3 morceaux. Faites fondre le beurre dans une grande sauteuse, ajoutez le brocoli, salez et couvrez pendant 2 minutes.

3 Versez une louche d'eau de cuisson des pâtes, couvrez de nouveau et prolongez la cuisson de 2 minutes. Ajoutez encore un peu d'eau de cuisson si nécessaire.

4 Égouttez les macaroni, ajoutez-les dans la sauteuse, remuez. Émiettez le gorgonzola et mélangez pour lier.

5 Versez dans un plat creux et servez.

Ce riz est parfait en accompagnement d'une viande, d'un poisson aux épices ou de légumes rôtis.

Riz jaune aux amandes

60 G D'**AMANDES** EFFILÉES

550 G DE **RIZ BASMATI** OU **THAÏ**

1 POIGNÉE DE **RAISINS SECS**

DANS MON FRIGO:
100 G DE BEURRE DOUX
DANS MON PLACARD
1 CUIL. À SOUPE
DE CURCUMA EN POUDRE
SEL

POUR 4 PERSONNES
PRÉPARATION : 15 MIN
CUISSON : 15 À 20 MIN

1 Clarifiez le beurre : faites-le chauffer dans une petite casserole sur feu très doux jusqu'à ce que se forme une petite mousse.

2 Retirez celle-ci à l'aide d'une écumoire.

3 Versez la matière grasse translucide dans un récipient sans verser la partie blanche (petit-lait). Le beurre clarifié est prêt.

4 Mettez 2 cuillerées à soupe de beurre clarifié dans une casserole et ajoutez les amandes effilées. Faites-les dorer en remuant régulièrement, puis débarrassez-les dans un bol.

5 Versez le riz dans la casserole, couvrez de 80 cl d'eau froide, ajoutez le curcuma, remuez. Baissez le feu et couvrez. Laissez cuire environ 15 minutes : toute l'eau doit être absorbée.

6 Salez, versez 2 cuillerées à soupe de beurre clarifié et remuez.

7 Servez le riz parsemé d'amandes et de raisins secs.

Rôti de porc au lait

POUR SAVOURER UNE VIANDE TENDRE ET MOELLEUSE, JE LA LAISSE SE DÉTENDRE DANS UN BAIN DE LAIT. L'ACIDE LACTIQUE RAMOLLIT LES FIBRES DE LA VIANDE ET LA PARFUME !

1 **RÔTI DE PORC** DANS L'ÉCHINE D'ENVIRON 1 KG

1 LITRE DE **LAIT**

3 BRANCHES DE **ROMARIN**

DANS MON PLACARD
- HUILE DE TOURNESOL
- SEL, POIVRE

POUR 4 À 6 PERSONNES
PRÉPARATION : 10 MIN
CUISSON : 2 H 30

1 Faites chauffer un trait d'huile dans une cocotte et dorez la viande sur toutes ses faces.

2 Salez, poivrez, versez le lait et ajoutez les branches de romarin.

3 Fermez la cocotte et laissez cuire 2 heures 30 sur feu moyen.

4 Servez le rôti avec le lait légèrement coagulé à part.

Pommes de terre, lard et sauge

4 FINES TRANCHES DE **LARD**

800 G DE **POMMES DE TERRE** À CHAIR FERME

8 FEUILLES DE **SAUGE**

DANS MON PLACARD

- 5 CL D'HUILE D'OLIVE
- FLEUR DE SEL

1 Préchauffez le four à 180 °C (th. 6).

2 Disposez les tranches de lard bien espacées sur la plaque du four recouverte de papier cuisson. Recouvrez d'une plaque pour que les tranches restent bien plates. Enfournez pour 12 minutes, puis réservez. Dès que les tranches de lard ont refroidi, mettez-les dans un blender et mixez jusqu'à obtenir de petits copeaux de lard. Réservez.

3 Lavez les pommes de terre et découpez-les en gros dés de taille égale, sans les peler. Placez-les dans un saladier et arrosez-les d'huile d'olive. Parsemez de fleur de sel et mélangez bien.

4 Rincez les feuilles de sauge et émincez-les. Répartissez-les sur les pommes de terre et mélangez de nouveau.

5 Versez les pommes de terre assaisonnées dans un grand plat à gratin et enfournez pour 35 minutes de cuisson.

6 À la sortie du four, répartissez dans les assiettes et décorez de copeaux de lard croustillant !

POUR 4 PERSONNES
PRÉPARATION : 10 MIN
CUISSON : 40 MIN

Pâtes à la saucisse

CETTE RECETTE EST UN CLIN D'ŒIL AUX PÂTES AU RAGÙ SARDE, UNE SAUCE MIJOTÉE À BASE DE SAUCISSES AU FENOUIL SAUVAGE DE SARDAIGNE.

1 GROS BULBE DE **FENOUIL**

400 G DE **GNOCCHETTI SARDI** OU **MINI-PENNE**

400 G DE **CHAIR À SAUCISSE**

DANS MON PLACARD
- HUILE D'OLIVE
- SEL, POIVRE

POUR 4 PERSONNES
PRÉPARATION : 10 MIN
CUISSON : 20 MIN

1 Rincez le bulbe de fenouil et râpez-le avec une râpe à gros trous (gardez les pluches pour la décoration). Versez un filet d'huile d'olive dans une poêle et faites-y revenir le fenouil, jusqu'à ce qu'il soit fondu.

2 Pendant ce temps, faites bouillir un grand volume d'eau salée, puis plongez-y les pâtes le temps indiqué sur le paquet.

3 Ajoutez la chair à saucisse émiettée au fenouil et faites revenir sur feu vif. Poivrez.

4 Versez une louche d'eau de cuisson des pâtes et laissez cuire 10 minutes à couvert.

5 Égouttez les pâtes et versez-les dans la poêle pour les enrober de sauce. Parsemez de pluches de fenouil ciselées, servez et dégustez aussitôt.

Ceviche de merlan

LE CEVICHE EST UN PLAT SUD-AMÉRICAIN FRAIS QUI SE PRÉPARE EN MOINS DE 15 MINUTES. J'AI CHOISI DU MERLAN, UN POISSON DE PÊCHE DURABLE BON MARCHÉ.

1 **OIGNON ROUGE**

3 **CITRONS VERTS** MÛRS

8 FILETS DE **MERLAN** SANS LA PEAU

DANS MON PLACARD
- SEL, POIVRE

POUR 4 PERSONNES
PRÉPARATION : 15 MIN

1 Épluchez l'oignon rouge et émincez-le très finement à l'aide d'une mandoline. Placez-le dans un petit bol. Pressez par-dessus le jus des citrons verts et mélangez.

2 Coupez les filets de merlan en biseau pas trop fin et disposez-les dans quatre assiettes. Salez-les pour raffermir la chair.

3 Versez l'oignon citronné sur le poisson, poivrez et dégustez bien frais.

4 Servez avec des patates douces coupées en tranches et cuites à la vapeur, comme au Pérou !

Pulled pork

J'AI FAIT CETTE RECETTE POUR UN TOURNAGE EN DORDOGNE AVEC UN COCHON BIEN ÉLEVÉ ET TOUTE L'ÉQUIPE N'EN A FAIT QU'UNE BOUCHÉE. ET VOUS ?!

1 **ÉCHINE DE PORC** FERMIER DE 1,8 KG

2 **OIGNONS ROUGES**

50 CL DE **SAUCE BARBECUE**

DANS MON PLACARD :
HUILE DE TOURNESOL

POUR 6 PERSONNES
PRÉPARATION : 15 MIN
CUISSON : 3 H

1 Préchauffez le four à 160 °C (th. 5/6).

2 Faites chauffer un peu d'huile dans la cocotte et faites colorer la viande sur toutes ses faces.

3 Épluchez et émincez les oignons.

4 Ajoutez-les dans la cocotte. Mélangez.

5 Ajoutez la sauce barbecue, versez 2 verres d'eau et couvrez.

6 Enfournez pour 3 heures de cuisson en retournant la viande à mi-cuisson.

7 Sortez la cocotte du four, effilochez la viande à l'aide d'une fourchette et mélangez-la bien à la sauce barbecue.

8 Servez avec des frites maison ou des pommes de terre cuites au barbecue.

Frites de patate douce

J'AI ESSAYÉ PLUSIEURS VERSIONS, C'EST LA MEILLEURE !

2 GROSSES **PATATES DOUCES**

2 CUIL. À SOUPE D'**ÉPICES MEXICAINES**

2 CUIL. À SOUPE DE **CASSONADE**

DANS MON PLACARD

- HUILE D'OLIVE
- SEL, POIVRE

POUR 4 PERSONNES
PRÉPARATION : 15 MIN
CUISSON : 30 À 35 MIN

1 Préchauffez le four à 200 °C (th. 6/7).

2 Pelez, puis coupez les patates douces en bâtonnets de 1 cm de large.

3 Placez-les dans un saladier et versez 3 cuillerées à soupe d'huile d'olive. Ajoutez les épices mexicaines, la cassonade, salez et poivrez. Mélangez bien et répartissez les bâtonnets de patate douce sur une plaque de four recouverte de papier cuisson.

4 Enfournez pour 25 à 30 minutes, puis servez.

Moules au curry

DES MOULES, DE LA CRÈME, DU CURRY… LE BONHEUR POUR 3 FOIS RIEN !

4 LITRES DE **MOULES DE BOUCHOT**

30 CL DE **CRÈME LIQUIDE**

QUELQUES TIGES DE **CORIANDRE** FRAÎCHE

DANS MON PLACARD

• 1 CUIL. À SOUPE DE CURRY (MADRAS, SI VOUS TROUVEZ !)

POUR 4 PERSONNES
PRÉPARATION : 5 MIN
CUISSON : 5 MIN

1 Faites chauffer un filet d'huile d'olive dans une grande casserole. Lavez les moules rapidement sous un filet d'eau, égouttez-les bien et ajoutez-les dans la casserole.

2 Versez la crème, ajoutez le curry, mélangez bien et couvrez.

3 Comptez environ 5 minutes, le temps que la crème chauffe et que les moules soient toutes ouvertes.

4 Transférez dans quatre grands bols, effeuillez la coriandre par-dessus et servez aussitôt !

Gratin de courgette à la grecque

TROIS INGRÉDIENTS ET VOILÀ LE TIERCÉ GAGNANT DE L'ÉTÉ ! À DÉGUSTER TEL QUEL OU AVEC UNE GRILLADE DE VOLAILLE AU BARBECUE. 3 FOIS RIEN, JE VOUS DIS !

6 **COURGETTES** FINES

1 DIZAINE DE FEUILLES DE **MENTHE** FRAÎCHE

300 G DE **FETA**

DANS MON PLACARD

- 10 CL D'HUILE D'OLIVE
- PIMENT D'ESPELETTE
- SEL

POUR 4 À 5 PERSONNES
PRÉPARATION : 20 MIN
CUISSON : 40 MIN

1 Préchauffez le four à 170 °C (th. 5/6).

2 Lavez les courgettes. Taillez-les en tranches de 3 à 4 mm d'épaisseur à la mandoline ou au robot et transférez-les dans un saladier. Salez et saupoudrez de piment d'Espelette.

3 Versez l'huile d'olive et ciselez les feuilles de menthe au-dessus. Mélangez pour que tous les arômes se diffusent.

4 Émiettez la moitié de la feta au fond du plat à gratin. Rangez par-dessus les tranches de courgette en rosace en les serrant au maximum. Recouvrez du restant de feta émietté. Enfournez pour 40 minutes et dégustez chaud ou tiède.

OPINEL
INOX

Escabèche de sardine au citron

COMME DES SARDINES EN BOÎTE ! JE LES PRÉPARE EN VERSION XXL POUR QUE TOUT LE MONDE EN PROFITE.

8 À 12 **SARDINES** FRAÎCHES

2 GOUSSES D'**AIL**

1 **CITRON CONFIT**

DANS MON PLACARD
- 20 CL D'HUILE D'OLIVE
- SEL, POIVRE

POUR 4 PERSONNES
PRÉPARATION : 20 MIN
RÉFRIGÉRATION : 8 H

1 Écaillez, étêtez et videz délicatement les sardines. Rincez-les rapidement sous l'eau fraîche et épongez-les sur du papier absorbant.

2 Pelez les gousses d'ail, puis émincez l'une d'elles finement. Coupez la seconde en deux et frottez un plat à gratin avec. Disposez les sardines dans le plat, tête-bêche.

3 Retirez la pulpe du citron confit pour ne conserver que sa peau. Taillez-la en très petits dés et répartissez-les sur les sardines. Salez et poivrez.

4 Dans une petite casserole, faites chauffer l'huile d'olive, puis ajoutez l'ail émincé. Laissez chauffer 1 minute, puis versez sur les sardines.

5 Laissez refroidir à température ambiante, puis placez au réfrigérateur pour 8 heures au moins. Dégustez sur une tranche de pain, avec mes pâtes au citron (p. 44) ou une belle salade de saison !

Poulet farci facile

UN BEAU CLASSIQUE DU DIMANCHE AVEC 3 FOIS RIEN !

100 G DE **PAIN DE CAMPAGNE**

100 G DE **FROMAGE FRAIS À L'AIL ET AUX FINES HERBES**

1 **POULET** DE 1,5 KG ENVIRON

DANS MON PLACARD :
HUILE D'OLIVE
SEL, POIVRE

POUR 6 PERSONNES
PRÉPARATION : 10 MIN
CUISSON : 1 H 30
REPOS : 15 MIN

1 Préchauffez le four à 180 °C (th. 6).

2 Retirez la croûte du pain et émiettez-le dans un bol. Mélangez au fromage frais en arrosant d'un filet d'huile d'olive. Poivrez et mélangez bien.

3 Salez et poivrez l'intérieur du poulet et farcissez-le de la préparation en enfonçant bien la farce au fond de la volaille.

4 Huilez, salez et poivrez le poulet. Posez-le sur une cuisse dans un plat avec un peu d'eau et enfournez pour 45 minutes.

5 Retournez le poulet puis enfournez-le à nouveau pour 45 minutes sur l'autre cuisse sans jamais le mettre sur le dos.

6 Laissez-le reposer 15 minutes avant de le découper. Récupérez un peu de farce à l'intérieur du poulet et faites-la fondre sur les morceaux découpés.

7 Servez avec des pommes de terre sautées.

Courge rôtie aux olives

AVEC 3 FOIS RIEN, VOICI UNE COURGE QUI ENVOIE !

1 **COURGE**

2 **OIGNONS ROUGES**

160 G **D'OLIVES VIOLETTES**

DANS MON PLACARD
- ½ CUIL. À CAFÉ DE CANNELLE EN POUDRE
- ½ CUIL. À CAFÉ DE NOIX DE MUSCADE EN POUDRE
- HUILE D'OLIVE
- SEL, POIVRE

POUR 4 PERSONNES
PRÉPARATION : 15 MIN
CUISSON : 30 MIN

1 Préchauffez le four à 210 °C (th. 7).

2 Lavez la courge et coupez-la en dés d'environ 2 cm de côté. Étalez-les sur une plaque de four recouverte de papier cuisson.

3 Épluchez, puis émincez les oignons rouges. Répartissez-les sur les morceaux de courge. Arrosez d'huile d'olive, saupoudrez les épices, salez et poivrez.

4 Enfournez pour 20 minutes, puis ajoutez les olives sur la plaque. Poursuivez la cuisson 10 minutes.

5 Dégustez avec une salade, en accompagnement d'une viande ou avec des céréales.

Saucisse de Montbéliard, écrasé de patate

800 G DE **POMMES DE TERRE** À CHAIR FERME

4 **SAUCISSES DE MONTBÉLIARD**

2 **ÉCHALOTES**

DANS MON FRIGO

• 125 G DE BEURRE DEMI-SEL

DANS MON PLACARD

• SEL, POIVRE

POUR 4 PERSONNES
PRÉPARATION : 15 MIN
CUISSON : 20 MIN

1 Plongez les pommes de terre dans un grand volume d'eau froide et faites-les cuire 20 minutes après ébullition. Égouttez-les et pelez-les, puis transférez-les dans un grand saladier.

2 Coupez 115 g de beurre en morceaux. Incorporez-les aux pommes de terre à l'aide d'une fourchette, en les écrasant grossièrement. Salez, poivrez et réservez au chaud.

3 Snackez les saucisses dans une grande poêle pour les saisir de chaque côté. Débarrassez. Pelez et émincez les échalotes dans la longueur. Faites-les dorer dans le beurre avec les sucs de cuisson des saucisses. Pendant ce temps, coupez en biseau des rondelles de saucisse de 1 cm d'épaisseur.

4 Servez une louche d'écrasé dans chaque assiette, disposez les tranches de saucisses et ajoutez les échalotes.

Haric' & cheese

POIS CHICHES, LENTILLES, FÈVES… AU RAYON DES LÉGUMINEUSES, PENSEZ AUSSI AUX HARICOTS SECS POUR FAIRE LE PLEIN DE PROTÉINES VÉGÉTALES.

300 G DE **HARICOTS BLANCS** SECS

20 CL DE **CRÈME FRAÎCHE** ÉPAISSE

200 G DE **CHEDDAR** RÂPÉ

DANS MON PLACARD
- HUILE D'OLIVE
- NOIX DE MUSCADE MOULUE
- SEL, POIVRE

POUR 4 PERSONNES
TREMPAGE : 12 H
PRÉPARATION : 20 MIN
CUISSON : 55 MIN À 1 H 10

1 La veille, faites tremper les haricots secs dans un saladier dans deux fois leur quantité d'eau froide pendant 12 heures au moins.

2 Le jour même, égouttez-les, puis faites-les cuire 45 minutes à 1 heure dans un grand volume d'eau, départ eau froide. Égouttez-les et réservez.

3 Préchauffez le four à 210 °C (th. 7).

4 Transférez les haricots blancs dans un plat à gratin huilé, versez la crème fraîche, salez, poivrez, ajoutez le cheddar et 2 pincées de noix de muscade moulue.

5 Faites gratiner environ 10 minutes au four, puis servez avec une belle salade verte.

À la place...

•

Vous êtes pressé ? Troquez vos haricots secs contre un grand bocal de haricots déjà cuits !

•

Salade de pomme de terre de la mer

SOUVENT DÉLAISSÉ, LE HADDOCK EST UN POISSON DE CARACTÈRE ET ABORDABLE. POUR LA PETITE HISTOIRE, IL S'AGIT D'ÉGLEFIN FUMÉ ET COLORÉ AU ROUCOU. AU TOP AVEC LA PATATE !

500 G DE **POMMES DE TERRE**

2 FILETS DE **HADDOCK**

20 G D'**ALGUES NORI** (FEUILLES SÈCHES)

DANS MON PLACARD
- 1 CUIL. À SOUPE DE VINAIGRE DE CIDRE
- 3 CUIL. À SOUPE D'HUILE D'OLIVE
- SEL, POIVRE

POUR 4 PERSONNES
PRÉPARATION : 20 MIN
CUISSON : 25 MIN

1 Placez les pommes de terre dans une casserole d'eau salée. Portez à ébullition et laissez cuire 25 minutes.

2 Pendant ce temps, portez à ébullition une seconde casserole d'eau et plongez-y les filets de haddock. Couvrez et laissez reposer 5 minutes. Égouttez les filets et émiettez-les grossièrement à la main.

3 Découpez aux ciseaux les algues nori en fines bandelettes, puis en paillettes. Mélangez-les au vinaigre de cidre et à l'huile d'olive.

4 Pelez les pommes de terre et coupez-les en rondelles. Mélangez-les au condiment d'algues nori, puis ajoutez enfin les miettes de haddock. Poivrez, salez au goût et dégustez aussitôt.

OPINEL
SAVOIE · FRANCE

Mes desserts

AVEC 3 INGRÉDIENTS

Fiadone

GÂTEAU EMBLÉMATIQUE DE LA CORSE, LE FIADONE SE FAIT AVEC DU BROCCIU, UN FROMAGE LOCAL DE CHÈVRE ET/OU DE BREBIS. JE LE REMPLACE PAR DE LA RICOTTA, BIEN PLUS FACILE À TROUVER… MAIS NE LE DITES PAS À UN CORSE !

5 **ŒUFS**

1 **CITRON JAUNE** NON TRAITÉ

500 G DE **RICOTTA**

DANS MON FRIGO

• 200 G DE SUCRE EN POUDRE

DANS MON PLACARD

• BEURRE

POUR 6 PERSONNES
PRÉPARATION : 10 MIN
CUISSON : 30 À 35 MIN
RÉFRIGÉRATION : 1 H

1 Préchauffez le four à 180 °C (th. 6).

2 Dans un saladier, battez les œufs avec le sucre jusqu'à ce que le mélange devienne mousseux. Zestez la moitié du citron par-dessus et mélangez. Ajoutez la ricotta écrasée à la fourchette sans cesser de fouetter.

3 Versez la préparation dans un moule à manqué beurré. Enfournez pour 30 à 35 minutes. Vérifiez la cuisson à l'aide de la lame d'un couteau, qui doit ressortir sèche.

4 Laissez refroidir complètement, puis placez au moins 1 heure dans le réfrigérateur.

5 Au moment de servir, zestez le citron restant sur le fiadone.

Salade d'orange à la fleur d'oranger

UN FRUIT DE SAISON, UNE BONNE EAU DE FLEUR D'ORANGER ET UNE ÉPICE DE CARACTÈRE... OBLIGÉ DE DIRE OUI À CE MARIAGE À TROIS !

5 **ORANGES** À DESSERT NON TRAITÉES

1 CUIL. À SOUPE DE **FLEUR D'ORANGER**

QUELQUES **PISTACHES**

DANS MON PLACARD
- 200 G DE SUCRE EN POUDRE
- 4 PINCÉES DE CANNELLE EN POUDRE

POUR 4 PERSONNES
PRÉPARATION : 35 MIN
REPOS : 1 H

1 Prélevez le zeste d'une orange et réservez-le.

2 Pelez les oranges à vif : coupez leur base et l'autre extrémité de façon horizontale, puis, à l'aide d'un couteau à lame fine, passez entre la chair et la peau des oranges de haut en bas. Coupez-les en fines tranches horizontales de 5 mm d'épaisseur.

3 Réalisez le sirop : faites bouillir 20 cl d'eau avec le sucre. Ajoutez alors la fleur d'oranger et le zeste d'orange, puis portez à ébullition 2 minutes.

4 Étalez les oranges dans les assiettes et arrosez-les de sirop à la fleur d'oranger. Décorez d'une pincée de cannelle et laissez reposer 1 heure à température ambiante avant de servir parsemé de pistaches concassées.

De janvier à mars, quand c'est la saison, je choisis des oranges sanguines !

Riz gluant coco mangue

INCONTOURNABLE DES RESTAURANTS ASIATIQUES COMME ACCOMPAGNEMENT, LE RIZ GLUANT FAIT AUSSI DE BEAUX DESSERTS !

300 G DE **RIZ GLUANT**

30 CL DE **LAIT DE COCO**

1 **MANGUE** BIEN MÛRE

DANS MON PLACARD

- 4 CUIL. À SOUPE DE SUCRE ROUX

POUR 4 PERSONNES
PRÉPARATION : 15 MIN
TREMPAGE : 4 À 24 H
CUISSON : 40 MIN

1 Faites tremper le riz gluant dans une grande quantité d'eau froide pendant 4 heures minimum (idéalement 24 heures). Égouttez-le, puis rincez-le.

2 Disposez le riz dans un cuit-vapeur. Faites cuire environ 30 minutes, puis transférez-le dans un saladier.

3 Versez le lait de coco dans une casserole et ajoutez le sucre. Mélangez bien, puis versez petit à petit sur le riz gluant, tout en le remuant : le riz va absorber le liquide.

4 Répartissez dans quatre assiettes creuses.

5 Coupez la mangue épluchée en fines lamelles et répartissez-les sur le riz gluant. Servez tiède.

OPINEL

Tatin de banane

LA BANANE EST L'UN DES FRUITS LES PLUS ACCESSIBLES DU MARCHÉ, ALORS FAITES-VOUS PLAISIR ! CHOISISSEZ DES BANANES PAS TROP MÛRES POUR QU'ELLES SE TIENNENT À LA CUISSON.

6 **BANANES**

1 **PÂTE FEUILLETÉE**
PUR BEURRE

1 **CITRON VERT**
NON TRAITÉ

DANS MON FRIGO
• 20 G DE BEURRE

DANS MON PLACARD
• 150 G DE SUCRE EN POUDRE

POUR 4 PERSONNES
PRÉPARATION : 15 MIN
CUISSON : 30 MIN

1 Préchauffez le four à 180 °C (th. 6).

2 Beurrez généreusement votre moule à tarte et saupoudrez d'une épaisse couche de sucre.

3 Épluchez les bananes et coupez-les en grosses rondelles de la hauteur de votre plat. Disposez-les sur le sucre. Recouvrez avec la pâte feuilletée en rabattant les bords à l'intérieur.

4 Enfournez pour 30 minutes (la pâte doit être bien dorée).

5 Râpez le zeste du citron.

6 Démoulez dès la sortie du four, parsemez de zestes de citron vert et servez avec une glace vanille ou au rhum.

Crème au chocolat

30 CL DE **CRÈME LIQUIDE** ENTIÈRE À 35 % DE MG

12,5 CL DE **LAIT ENTIER**

150 G DE **CHOCOLAT** À 65 % DE CACAO

POUR 4 PERSONNES
PRÉPARATION : 10 MIN
RÉFRIGÉRATION : 4 H MINIMUM

1 Dans une casserole, mettez la crème et le lait à chauffer sur feu doux. Portez à ébullition, puis coupez le feu.

2 Ajoutez le chocolat concassé et mélangez à l'aide d'un fouet jusqu'à ce que le chocolat soit fondu.

3 Versez dans quatre ramequins et laissez refroidir.

4 Placez au réfrigérateur pour 4 heures minimum.

5 N'hésitez pas à sortir les crèmes du réfrigérateur 15 minutes avant de les déguster.

Pommes au four pralinées

100 G DE **NOISETTES** SANS LA PEAU

100 G D'**AMANDES**

4 GROSSES **POMMES** TYPE GOLDEN

DANS MON FRIGO
• 40 G DE BEURRE

DANS MON PLACARD
• 100 G DE SUCRE EN POUDRE

1 Préchauffez le four à 180 °C (th. 6).

2 Étalez les fruits secs sur une plaque de four recouverte de papier cuisson. Enfournez et laissez torréfier 5 minutes, puis laissez refroidir.

3 Lavez et évidez les pommes. Donnez quelques coups de couteau dans la chair pour éviter qu'elles éclatent à la cuisson. Disposez-les dans un plat et ajoutez dessus le beurre coupé en cubes. Enfournez pour 20 minutes.

4 Faites cuire le sucre dans une casserole avec 3 cuillerées à soupe d'eau pour faire un caramel, sans jamais remuer.

5 Ajoutez les fruits secs au caramel, mélangez, étalez sur le papier cuisson et laissez refroidir.

6 Mixez les trois quarts au robot : le praliné va devenir liquide au bout de quelques minutes.

7 Versez le praliné sur les pommes et enfournez à nouveau pour 15 minutes. Pendant ce temps, concassez le restant de fruits secs, puis parsemez-les sur les pommes à la sortie du four.

POUR 4 PERSONNES
PRÉPARATION : 25 MIN
CUISSON : 40 MIN

Galette des noix

INCONTOURNABLE, LA GALETTE DES ROIS SE RAPPELLE À NOUS CHAQUE DÉBUT D'ANNÉE. ESSAYEZ DONC CETTE VERSION AVEC 3 FOIS RIEN.

150 G DE **NOIX**

2 ROULEAUX DE **PÂTE FEUILLETÉE** PUR BEURRE

2 **ŒUFS** + 1 **JAUNE** POUR LA DORURE

DANS MON FRIGO :
150 G DE BEURRE MOU
DANS MON PLACARD :
150 G DE SUCRE
EN POUDRE
+ 1 FÈVE

POUR 6 PERSONNES
PRÉPARATION : 20 MIN
RÉFRIGÉRATION : 1 H
CUISSON : 40 MIN

1 Mixez les noix en poudre. Ajoutez le beurre mou et le sucre, mixez à nouveau, puis ajoutez les œufs entiers et mélangez rapidement.

2 Déroulez la pâte feuilletée sur une plaque de cuisson recouverte de papier cuisson et étalez la crème aux noix dessus.

3 Recouvrez de l'autre rouleau de pâte feuilletée, après avoir mis la fève.

4 Donnez de légers coups de couteau sur les bords et laissez reposer 1 heure au réfrigérateur.

5 Préchauffez votre four à 180 °C (th. 6).

6 Retournez la galette et dorez la surface avec un peu de jaune d'œuf délayé dans de l'eau.

7 Décorez avec la lame du couteau.

8 Enfournez pour 40 minutes : la pâte doit être bien dorée.

Douillons de poire

LE DOUILLON EST UNE SPÉCIALITÉ NORMANDE. IL S'AGIT SIMPLEMENT D'EMMAILLOTER UNE POMME OU UNE POIRE D'UNE BONNE PÂTE. ÇA FAIT TOUJOURS SON PETIT EFFET !

2 ROULEAUX DE **PÂTE FEUILLETÉE** PUR BEURRE

4 **POIRES** FERMES

60 G DE **POUDRE D'AMANDES**

DANS MON FRIGO
• 40 G DE BEURRE

DANS MON PLACARD
• 4 CUIL. À SOUPE DE SUCRE ROUX

POUR 4 PERSONNES
PRÉPARATION : 20 MIN
CUISSON : 30 MIN

1 Préchauffez le four à 170 °C (th. 5/6).

2 Déroulez et découpez les pâtes feuilletées en lanières d'environ 1,5 cm de largeur.

3 Épluchez les poires en prenant soin de conserver leur queue. Évidez le trognon en creusant un petit cône avec votre Économe.

4 Garnissez chaque poire d'une noisette de beurre. Enrobez les poires de poudre d'amandes et posez-les debout dans le plat de cuisson. Entourez chaque poire de lanières de pâte feuilletée légèrement humidifiées. Appuyez sur la pâte pour bien la faire adhérer au fruit.

5 Dorez les douillons avec le restant du beurre fondu et saupoudrez-les de sucre.

6 Enfournez pour 30 minutes, puis servez tiède.

Boules d'énergie

100 G DE **FLOCONS D'AVOINE**

2 **BANANES** MÛRES

60 G DE **PÉPITES DE CHOCOLAT**

POUR 4 PERSONNES
(1 DIZAINE DE BOULES)
PRÉPARATION : 15 MIN
CUISSON : 12 MIN

1 Préchauffez le four à 200 °C (th. 6/7).

2 Mixez brièvement les flocons d'avoine pour les réduire en plus petits morceaux, sans en faire de la poudre !

3 Épluchez les bananes et écrasez-les à la fourchette dans un saladier. Ajoutez les flocons d'avoine et les pépites de chocolat, mélangez bien.

4 Formez une dizaine de boules assez espacées sur une plaque de four recouverte de papier cuisson et enfournez pour 12 minutes.

5 Laissez refroidir avant de déguster.

Fontainebleau sundae

À L'ORIGINE, LE FONTAINEBLEAU EST UNE SPÉCIALITÉ LAITIÈRE À BASE DE CRÈME FRAÎCHE FOUETTÉE. AUJOURD'HUI, ON Y AJOUTE DU FROMAGE BLANC. LA VERSION GLACÉE, C'EST POUR VOUS !

4 **FONTAINEBLEAU**

100 G DE **CACAHUÈTES** SANS LA PEAU

150 G DE **CONFITURE DE LAIT**

DANS MON PLACARD
- 100 G DE SUCRE EN POUDRE

POUR 4 PERSONNES
PRÉPARATION : 20 MIN
CONGÉLATION : 1 H
CUISSON : 15 MIN

1 Déposez les fontainebleau dans le congélateur pendant 1 heure.

2 Versez 10 cl d'eau dans une casserole et ajoutez le sucre. Portez à ébullition en mélangeant et laissez cuire 5 minutes. Lorsque le mélange épaissit un peu, versez les cacahuètes et remuez jusqu'à obtenir une légère caramélisation. Débarrassez sur une feuille de papier cuisson, laissez refroidir et détachez les cacahuètes les unes des autres.

3 Sortez les fontainebleau du congélateur. Nappez-les de confiture de lait. Parsemez de cacahuètes caramélisées et dégustez.

Panna cotta aux fraises

SIMPLE ET EFFICACE, VOICI UNE PANNA COTTA SANS GÉLATINE ! MERCI À LA GRANDE PÂTISSIÈRE CLAIRE HEITZLER DE M'AVOIR SOUFFLÉ L'IDÉE !

50 CL DE **CRÈME LIQUIDE** À 35 % DE MG

4 **BLANCS D'ŒUFS**

250 G DE **FRAISES**

DANS MON PLACARD

• 100 G DE SUCRE

POUR 4 PERSONNES
PRÉPARATION : 20 MIN
CUISSON : 40 À 45 MIN
RÉFRIGÉRATION : 1 H MINIMUM

1 Préchauffez le four à 120 °C (th. 4).

2 Dans une casserole, portez à ébullition la crème liquide avec 60 g de sucre, puis coupez le feu et laissez refroidir.

3 Mélangez doucement les blancs d'œufs dans un saladier pour les rendre juste mousseux.

4 Versez petit à petit la crème infusée sur les blancs et mélangez pour obtenir une préparation bien homogène.

5 Versez dans quatre ramequins et enfournez-les dans un plat rempli d'eau pour 40 à 45 minutes. Laissez refroidir, puis placez au réfrigérateur 1 heure au moins.

6 Lavez et équeutez les fraises. Au moment de servir, mixez la moitié des fraises avec le restant du sucre pour obtenir un coulis et versez-le sur les panna cotta. Décorez du restant de fraises coupées en quartiers et dégustez !

Avec une gousse de vanille pour parfumer la crème, c'est encore mieux…

Fudge menthe-chocolat

LE FUDGE EST UNE CONFISERIE MADE IN USA. VOICI UNE VERSION EUROPÉENNE XXL À LA MENTHE. À PARTAGER, BIEN SÛR !

3 TIGES DE **MENTHE** FRAÎCHE

200 G DE **LAIT CONCENTRÉ SUCRÉ**

150 G DE **CHOCOLAT NOIR**

1 Lavez et équeutez la menthe.

2 Faites chauffer le lait concentré sucré avec la moitié des feuilles de menthe dans une casserole pendant 2 à 3 minutes.

3 Cassez le chocolat en morceaux et versez-les dans la casserole. Fouettez sur le feu pendant 3 minutes, jusqu'à ce que le chocolat soit parfaitement fondu.

4 Tapissez un moule à cake de papier cuisson. Versez le mélange, tassez et lissez bien à l'aide d'une spatule. Répartissez le reste des feuilles de menthe sur le dessus.

5 Placez au réfrigérateur pendant 6 à 8 heures.

6 Démoulez, puis découpez la préparation en cubes de 1 cm d'épaisseur. Servez avec le café !

POUR 4 PERSONNES
PRÉPARATION : 15 MIN
RÉFRIGÉRATION : 6 À 8 H
CUISSON : 5 À 6 MIN

Granité framboise-basilic

RIEN DE TEL QUE CE GRANITÉ POUR PRENDRE LE FRAIS EN ÉTÉ !

2 **CITRONS JAUNES** NON TRAITÉS

½ BOUQUET DE **BASILIC**

125 G DE **FRAMBOISES** FRAÎCHES

DANS MON PLACARD
• 80 G DE SUCRE

POUR 4 PERSONNES
PRÉPARATION : 10 MIN
CONGÉLATION : 6 À 8 H

1 Placez quatre verres et un plat au congélateur.

2 Râpez les zestes des citrons et pressez-en le jus. Taillez finement le basilic et conservez 4 feuilles pour la décoration.

3 Faites bouillir 20 cl d'eau avec le sucre, le jus et les zestes des citrons. Laissez refroidir le sirop de citron, ajoutez le basilic, puis versez dans le plat sorti du congélateur.

4 Placez à nouveau au congélateur pour 6 heures. Toutes les 2 heures, grattez la surface avec une fourchette pour former le granité.

5 Lorsqu'il est bien pris, versez dans les verres rafraîchis en alternant avec des framboises entières. Servez très froid décoré de 1 feuille de basilic.

Mes recettes bonus

Pickles d'oignons rouges

POUR 1 BOCAL
PRÉPARATION : 15 MIN
CUISSON : 5 MIN
CONSERVATION : PLUSIEURS SEMAINES

- 4 **OIGNONS ROUGES**
- 25 CL DE **VINAIGRE DE CIDRE**
- 25 CL D'**EAU MINÉRALE**

DANS MON PLACARD

- 150 G DE SUCRE
- 1 CUIL. À CAFÉ DE SEL
- ½ CUIL. À CAFÉ DE POIVRE

1 Épluchez les oignons rouges, ôtez la base et la tête et tranchez-les en deux.
2 Coupez très finement chaque moitié d'oignon dans le sens parallèle aux stries. Disposez les lamelles d'oignon dans un bocal en verre.
3 Faites chauffer l'eau avec le vinaigre de cidre, le sucre, le sel et le poivre. Lorsque le mélange est bouillant, versez-le sur les oignons et fermez aussitôt le bocal.
4 Laissez refroidir à température ambiante, puis conservez au réfrigérateur.

Parfaits avec...

•

Tout ! Le velouté de champignon (p. 12), le croque pruneaux-lard (p. 64), l'avocado toast (p. 20)...

•

Ketchup maison

POUR 1 BOCAL D'ENVIRON 370 G
PRÉPARATION : 10 MIN
CUISSON : 10 À 15 MIN
CONSERVATION : 1 SEMAINE

- 250 G DE **COULIS DE TOMATES**
- 10 CL DE **VINAIGRE DE CIDRE**
- 10 G DE **MOUTARDE** DE DIJON

DANS MON PLACARD

- 60 G DE SUCRE
- SEL, POIVRE

Parfait pour...

•

Faire les boulettes de bœuf (p. 46), déguster avec le pulled pork (p. 97), accompagner l'agneau grillé (p. 60)

•

1 Dans une casserole, versez le coulis de tomates, le vinaigre et le sucre. Salez, poivrez et laissez réduire sur feu doux pendant 10 à 15 minutes jusqu'à ce que le mélange prenne la consistance du ketchup.
2 Ajoutez alors la moutarde et remuez bien.
3 Versez bien chaud dans un bocal et refermez aussitôt.
4 Laissez refroidir, puis conservez au réfrigérateur.

Tapenade d'olives vertes

POUR 1 PETIT BOCAL
PRÉPARATION : 15 MIN
CONSERVATION : 72 H

- 200 G D'**OLIVES VERTES** DÉNOYAUTÉES
- 3 CUIL. À CAFÉ DE **CÂPRES** ÉGOUTTÉES
- 1 GOUSSE D'**AIL**

DANS MON PLACARD
- 4 CUIL. À SOUPE D'HUILE D'OLIVE
- SEL

Parfaite pour...

•

Accompagner la volaille (p. 52), l'agneau (p. 60) à la place de la crème d'ail, l'escabèche de sardine (p. 106)...

•

1 Dans le bol d'un mixeur ou dans un mortier, placez les olives vertes et les câpres égouttées, l'huile d'olive et 1 pincée de sel.
2 Épluchez et dégermez la gousse d'ail, émincez-la. Ajoutez-la au reste des ingrédients et mixez jusqu'à obtenir une consistance homogène.
3 Servez immédiatement ou conservez jusqu'à 72 heures au réfrigérateur.

Citrons confits maison

POUR 1 BOCAL DE 1 LITRE
PRÉPARATION : 15 MIN
MACÉRATION : 1 À 6 MOIS
CONSERVATION : PLUSIEURS SEMAINES

- 4 À 5 **CITRONS JAUNES** BIO
- 4 À 5 CUIL. À SOUPE DE **GROS SEL**
- 1 LITRE D'**EAU MINÉRALE**

1 Placez les citrons dans un contenant creux et recouvrez-les d'eau bouillante. Laissez tremper quelques heures pour qu'ils ramollissent, afin de les entasser dans le bocal plus facilement.
2 Égouttez-les, puis éliminez quelques millimètres de chaque extrémité. Incisez-les en quatre sans aller jusqu'au bout, au-dessus d'un récipient creux.
3 Garnissez-les de gros sel dans les incisions.
4 Disposez-les dans le bocal et arrosez-les du jus qui s'est écoulé pendant leur découpe. Ajoutez l'eau jusqu'à 3 cm du bord, fermez le bocal et patientez 1 mois au moins avant de les utiliser.
5 Gardez à température ambiante, au sec et à l'abri de la lumière le temps de la macération.

Parfaits avec...

•

Le taboulé de chou-fleur (p. 38), la soupe de carotte à la marocaine (p. 32), l'agneau comme condiment (p. 60), l'escabèche de sardine au citron (p. 106)...

•

Et aussi...

•

Pour relever les pâtes au citron (p. 44), avec le couscous de quinoa (p. 62)...

•

Sauce au yaourt et à l'ail confit

POUR 1 BOL
PRÉPARATION : 10 MIN
CUISSON : 30 MIN
CONSERVATION : 48 H

- 2 TÊTES D'**AIL**
- 250 G DE **YAOURT GREC**
- 1 **CITRON** BIO

DANS MON PLACARD
- HUILE D'OLIVE
- SEL, POIVRE

Parfaite avec...

Les pancakes de poireau (p. 26), l'agneau (p. 60), la courge rôtie aux olives (p. 112)

1 Préchauffez le four à 200 °C (th. 6-7).
2 Enveloppez de papier d'aluminium la tête d'ail sans l'éplucher et faites-la rôtir au four 30 minutes. Déballez-la et pressez sur les gousses d'ail pour faire sortir la pulpe au-dessus d'un robot mixeur. Ajoutez le yaourt, 1 pincée de sel, de poivre et un filet d'huile d'olive.
3 Prélevez les zestes du citron, ajoutez-les au reste des ingrédients et mixez.
4 Utilisez immédiatement ou réservez au réfrigérateur jusqu'à 48 heures.

Crème fouettée sucrée

POUR 4 PERSONNES
PRÉPARATION : 10 MIN
CONSERVATION : 24 H

- 20 CL DE **CRÈME FLEURETTE** (OU DE CRÈME LIQUIDE ENTIÈRE BIEN FROIDE)
- 30 G DE **SUCRE GLACE**
- ½ CUIL. À CAFÉ DE **RHUM** (FACULTATIF)

1 Placez la cuve d'un robot batteur ou un saladier dans le réfrigérateur pendant quelques heures, pour qu'il soit bien frais.
2 Versez la crème liquide bien froide dans le bol réfrigéré et battez, jusqu'à ce qu'elle ait triplé de volume.
3 Ajoutez alors petit à petit le sucre glace, tout en continuant à monter la crème. Attention : lorsqu'elle est bien ferme, cessez de battre.
4 Versez alors le rhum et mélangez délicatement à l'aide d'une maryse.
5 Conservez au frais et dégustez dans les 24 heures.

Parfaite avec...

La tatin de bananes (p. 128), les pommes au four pralinées (p. 132)

Bocaux d'abricots au sirop d'orgeat

POUR 2 BOCAUX DE 50 CL
PRÉPARATION : 15 MIN
CUISSON : 10 À 15 MIN
CONSERVATION : 1 À 2 SEMAINES

- 10 CL DE **SIROP D'ORGEAT**
- 2 KG D'**ABRICOTS** MÛRS ET FERMES
- 1 POIGNÉE D'**AMANDES** FRAÎCHES

Parfaits avec...

•

Le fiadone (p. 122), la panna cotta aux fraises (p. 144)

•

1 Dans une casserole, faites chauffer sur feu moyen 1 litre d'eau avec le sirop d'orgeat pendant 5 minutes.
2 Pendant ce temps, coupez les abricots en deux et dénoyautez-les.
3 Plongez les oreillons d'abricot 2 minutes dans le sirop. Égouttez-les et disposez-les dans les pots. Laissez le sirop réduire de moitié sur feu doux.
4 Laissez tiédir, puis versez-le sur les abricots et ajoutez les amandes.
5 Fermez les bocaux hermétiquement.
6 Dégustez le jour même et jusqu'à 2 semaines plus tard en les conservant au frais.

Pâte à tartiner maison ultrasimple

POUR 1 POT DE 500 G
PRÉPARATION : 10 MIN
CUISSON : 5 MIN
CONSERVATION : 1 À 2 SEMAINES

- 200 G DE **CHOCOLAT NOIR** À 70 % DE CACAO
- 1 BOÎTE DE **LAIT CONCENTRÉ** (400 G)
- 1 CUIL. À SOUPE DE **POUDRE DE NOISETTES**

DANS MON PLACARD
- 5 À 10 CL D'HUILE DE NOISETTE

Parfaite pour...

•

Les boules d'énergie (p. 140), une bonne tranche de pain grillée !

•

1 Cassez le chocolat en morceaux et faites-le fondre avec le lait concentré dans une petite casserole.
2 Mélangez bien jusqu'à obtenir une préparation bien lisse et homogène.
3 Laissez refroidir avant d'incorporer la poudre et l'huile de noisette.
4 Versez dans un pot et conservez au réfrigérateur jusqu'à 2 semaines.

Index des produits

Index des recettes

Chroniqueur culinaire sur TF1 de l'émission quotidienne *Petits Plats en équilibre*, Laurent Mariotte présente chaque week-end sur Europe 1 *La Table des Bons Vivants* entouré de sa bande d'experts bons vivants et d'invités. Attaché à une cuisine du quotidien simple et accessible, il propose des recettes faciles et abordables. Il parcourt la France pour mettre en avant une cuisine authentique et valoriser le travail de nos paysans et nos artisans. Il est aussi l'auteur de nombreux ouvrages, dans lesquels on retrouve son engagement pour une cuisine saine, abordable et de saison.

Remerciements

Merci à vous d'avoir choisi ce livre !
Je l'ai imaginé pour vous faciliter la vie en cuisine et pour entretenir ce beau lien qui nous unit depuis plus de 15 ans.

Merci à nos paysans, maraîchers, cultivateurs, pêcheurs de nous permettre de garder le contact avec Dame Nature. Cuisiner de saison sans gaspiller est un vrai geste écologique. ☺
Merci aux belles équipes de Solar pour leur fidélité.
Vincent Barbare, Didier Férat, Diane Monserat... ce bébé est aussi le vôtre !
Merci à Anne Bergeron pour ces belles photos et son œil gourmand.
Merci à Audrey Cosson pour la mise en beauté des recettes et la mise en scène.
Merci à ma fine équipe de me suivre au quotidien et de cogiter avec moi autour d'une cuisine simple et rassembleuse : Lucile Escourrou avec Julien Amat, Julie Bernard, Stéphane Molé, sans oublier l'accompagnement précieux d'Alain de La Rochère.
Merci à TF1 et Europe 1 pour les beaux rendez-vous rassembleurs.
Merci à Anne, ma femme, et à Léonard, mon fils, de jouer aux testeurs officiels !
Ainsi que tous mes amis !
Merci maman, de m'avoir transmis ton goût du potager et du reste !

Photographie et stylisme des recettes
Anne Bergeron et Audrey Cosson

Photographie et stylisme des portraits
Anne Bergeron et Mélanie Martin

Mélanie Martin remercie Le Creuset pour le prêt de la cocotte et Opinel pour les couteaux de cuisine.

Direction : Didier Férat
Direction éditoriale : Fanny Ecochard-Martin et Lucile Escourrou
Édition : Diane Monserat
Collaboration éditoriale : Julie Bernard et Julien Amat
Direction artistique : Marina Delranc
Mise en page : Thomas Hamel
Photogravure : Chromostyle
Fabrication : Laurence Duboscq

ISBN : 978-2-263-18491-8
Code éditeur : L18491
Dépôt légal : octobre 2023
Imprimé en France par Pollina - 47485